# Le goût du zen

# Le goût du zen

## Recueil de propos et d'anecdotes

*Textes choisis et traduits du japonais*
*par Janine Coursin*

*Avant-propos*
*de Janine Coursin*

LE PROMENEUR

Projet graphique :
Pier Luigi Cerri.

Document de couverture : Sumi-e (encre sur papier)
de Taisen Deshimaru.

# Avant-propos

Le zen est un pied de vigne. Originaire des Indes où il est appelé *dyana,* il fut introduit en Chine au Vᵉ siècle par le maître indien Bodhidharma et prit le nom de *ch'an.* Au XIIᵉ siècle, Eisai le découvrit lors d'un voyage d'études en Chine et le transplanta au Japon où il devint le *zen.* C'est sous cette appellation qu'il fut révélé à l'Occident au XXᵉ siècle par les écrits du Japonais D.T. Suzuki et en France en 1968, grâce à l'action du maître zen Deshimaru. L'Occident a gardé le nom japonais parce que notre culture ne disposait d'aucun mot approprié pouvant traduire cette expérience à la fois physique et spirituelle qui n'est ni « méditation » ni « connaissance » ni « concentration ». À la rigueur, on peut dire vaguement que c'est un état harmonieux-paisible-unifié du corps et de l'esprit. Comment définir la saveur du vin à qui n'y a jamais goûté? Comment expliquer un pétrus ou un margaux à qui ne connaît que le Coca-Cola?

Il est intéressant de noter que ces transplantations au cours des temps ont toujours eu lieu à des époques où le zen (nous utilisons le mot japonais par commodité) s'était tellement abâtardi qu'il avait complètement perdu sa nature d'origine. Mais curieusement, replanté dans un autre terroir, il retrouvait toujours sa vigueur d'origine et produisait un nouveau vin d'un goût différent, enrichi des sucs de sa terre d'adoption. C'est ainsi qu'il a pris une saveur taoïste en Chine et découvert son efficacité et sa valeur esthétique au Japon. Nul doute qu'il deviendra professionnel et confortable aux États-Unis. Et en France? Peut-être un art de vivre sinon un prétexte à querelles et arguties sans fin. Quels que soient l'espèce, le cépage, la robe qu'il nous offre ou qu'il ait un fort goût chinois, japonais, vietnamien, coréen ou occidental, la plante est indienne. L'origine de la posture s'est perdue dans la nuit des temps, mais le zen forme un tout, physique et spirituel que l'on ne peut dissocier du bouddhisme. On peut l'utiliser comme une bicyclette ou en faire un remède ou un look, mais ce n'est plus du zen, c'est du vin sans alcool.

Le fondateur est Siddhârtha Gautama surnommé par la suite Shâkyamuni, « le sage silencieux de la race des Shâkya ». Né au VIe siècle avant J.-C. dans une famille aristocratique, il décida à vingt-neuf ans de quitter sa famille après, dit-on, qu'il eut réalisé la souffrance de la condition humaine. Ce n'étaient pas les dieux qui l'intéressaient, mais l'esprit de l'homme et l'origine de son tourment. Il se donna alors pour mission de vaincre la souffrance. Pendant des années, il mena une vie d'ascète errant sans parvenir à percer le mystère. À l'âge de trente-cinq ans, il se jura un jour de rester en méditation jusqu'à ce qu'il trouve la solution. Au bout d'une méditation intense de quarante-neuf jours sous l'arbre Bodhi, il parvint à un total éclairement sur la souffrance humaine. Nous sommes malheureux, expliqua-t-il, parce que nous sommes esclaves de nos désirs et de nos illusions. Si l'on pouvait enseigner aux hommes que le monde physique qu'ils perçoivent est illusion, ils se délivreraient de leur asservissement mental autodestructif. C'était si simple. Mais après tant de siècles d'efforts, on constate qu'il est encore plus difficile pour un homme de se refaire des yeux, des oreilles et un point de vue que de refaire le monde.

Le zen n'est pas un concept, c'est une pratique à la fois physique et mentale. Cette pratique est la seule qui puisse mener au niveau de conscience qui a permis à Shâkyamuni de pénétrer le mystère de la réalité. La pratique est essentiellement la posture de Shâkyamuni assis sous l'arbre Bodhi et que l'on appelle *zazen* en japonais, c'est-à-dire

« être assis en zen ». « Zazen, c'est comme retourner dans le ventre de sa mère » dit Kôdô Sawaki. Il dit aussi : « Zazen, c'est avorter de son ego. »

Un maître zen ajouterait : « Je n'ai plus rien à vous apprendre sur le zen. Le reste vous incombe. À vous de jouer! »

La sagesse sans paroles du zen est paradoxalement à l'origine d'une abondante littérature. Pour exprimer l'« Inexprimable », les maîtres se sont ingéniés à imaginer des moyens susceptibles de stimuler cet espace de la conscience humaine que le langage, la logique et la raison ne peuvent atteindre. Certains ont utilisé les cris ou les coups : « Trente coups si tu parles; trente coups si tu te tais », avait coutume de dire le célèbre maître Te-Shan (781-867). D'autres ont fait appel à la poésie pour les subtiles résonances qu'elle suscite au-delà des mots. Les maîtres zen sont aussi friands d'anecdotes humoristiques dont ils aiment à illustrer leur enseignement et qui servent à soulager et à détendre le candidat au satori dans son parcours marathonien. Leur outil préféré reste cependant le propos provocateur qui a pour but de déclencher un retournement de conscience en brisant la carapace de l'ego qui l'aveugle et l'asservit aux choses. Un mot, un bruit, un son, une douleur suffisent parfois à libérer l'esprit de ses entraves. Afin d'obtenir de son élève la réponse fulgurante attestant qu'il a enfin compris, les grands maîtres ont fait preuve d'un esprit inventif étonnant. Pour ce faire, tous les détonateurs sont bons selon le cas et la circonstance : grossièreté, outrances, vulgarité, cruauté même. Pour eux, les mots et le langage ne sont que des expédients, jamais une fin en soi. La « Grande Affaire » se situe ailleurs. Le maître zen déteste la dissertation philosophique et se méfie du beau style autant que de la raison qui fait que l'homme juge et agit conformément à des principes. Pascal pourrait sur certains points trouver grâce à leurs yeux, mais certainement pas Descartes.

Qu'aurait pensé Descartes du raisonnement de Tao-sheng à propos de ce retournement de conscience que le Sûtra du Cœur appelle « passer sur l'autre rive » : « Si l'on pense avoir atteint l'autre rive, on n'a pas atteint l'autre rive. Ne pas atteindre et ne pas ne pas atteindre sont en réalité atteindre... Si vous voyez Bouddha, vous ne voyez pas Bouddha. Quand vous voyez qu'il n'y a pas Bouddha, en réalité vous voyez Bouddha. »? Lin-chi I-hsüan (jap. Rinzai Gigen) simple et direct emploie d'autres termes pour dire la même chose : « Voulez-vous parvenir à la clarté parfaite de la vue juste?... Si vous rencontrez un Bouddha, tuez le Bouddha! Si vous rencontrez un patriarche, tuez le patriarche! » Yün-men Wen-yen (jap. Ummon Bun'en), autre géant du zen sera encore plus bref : « Le Bouddha? Un bâton à merde! »

Le zen dérange, bouscule nos habitudes de pensées, choque nos principes et nos préjugés. Il décape l'esprit et contraint le corps.

Il est difficile d'entrer dans ce monde implacable. Mais tous les grands maîtres qui l'ont pratiqué depuis tant de siècles sont unanimes pour dire comme Kôdo Sawaki : « Il n'existe sur cette terre plus grand bonheur que de se laisser guider et tirer de l'avant par le zen. »

Le zen ne promet rien, ni le paradis ni l'enfer ni l'extase. Les hommes ne sont fondamentalement ni laids ni beaux, et les choses de la vie ne sont ni bonnes ni mauvaises quand on les voit dans une juste perspective. Comme le résume modestement Kôdô Sawaki : « Nos vies sont compliquées, il y a des moments où les feux de la guerre nous tombent du ciel et d'autres où l'on somnole au coin du feu. Parfois, on travaille toute la nuit, parfois, on prend du bon temps en buvant du saké, zazen nous permet de gérer ces différentes situations. »

À la fin du siècle dernier, le maître zen japonais Nanin reçut un jour la visite d'un professeur d'Université :

– Maître, pourriez-vous m'expliquer le principe du zen?

Le maître ne répondit pas, occupé à préparer le thé. Il posa une tasse sur la table et la remplit, mais il continua de verser. La tasse débordait et le thé se répandait sur le sol.

– Maître, la tasse déborde!

– Vous êtes comme cette tasse, votre tête est pleine de concepts et d'idées. Si vous ne videz pas d'abord la tasse qui est dans votre esprit, il ne sert à rien que je vous parle du zen!

Vidons la tasse du thé et allons rendre visite à nos « grands gaillards du passé », comme les appelait Lin-chi, pour goûter leur vin.

J. C.

# *1. Qu'est-ce que le zen?*

Un moine : Qu'est-ce que le zen?
Shi-tou : De la brique et de la pierre.
Le moine : Qu'est-ce que la Voie?
Shi-tou : Un morceau de bois.

SHIH-T'OU HSI-CHIEN (700-790).
Jap. Sekitô Kisen [1].

1. Le nom des auteurs chinois, transcrit selon le système de Wade-Giles est écrit en majuscules. Par commodité, nous avons fait suivre, en minuscules, la lecture en japonais ordinairement utilisée par les maîtres zen en Occident.

Pour distinguer les Japonais des Chinois, le nom des auteurs japonais est écrit en minuscules.

## 2. *La conscience ordinaire*

L'homme de bois chante, la femme de pierre se lève et danse.

TUNG-SHAN LIANG-CHIEH (807-869).
Jap. Tôzan Ryôkai.

Alors que Tung-Shan était en train de peser du lin, un moine lui demanda :
– Maître, qu'est-ce que la Voie?
– Trois livres de lin!

TUNG-SHAN SHOU-CHU (910-990).
Jap. Tôzan Shusho.

Un moine : Maître, je vous en prie, enseignez-moi la Voie.
Chao-Chou : As-tu terminé ton repas?

Le moine : Oui, Maître, j'ai terminé.
Chao-Chou : Alors, va laver ton bol!

CHAO-CHOU TS'UNG-SHEN (778-897).
Jap. Jôshû Jûshin.

Un moine : Qu'y a-t-il d'extraordinaire?
Pai-chang : Être assis seul, sur le mont Ta Hsiung.

PAI-CHANG HUAI-HAI (720-814).
Jap. Hyakujô Ekai.

Je mange quand j'ai faim
Je dors quand j'ai sommeil
Le sot se rit de moi
Le sage me reconnaît.

TSAN Le Paresseux (VIIe).

Un maître en discipline monastique nommé Yüan interrogea Pai-chang Huai-hai :

– Maître, vous appliquez-vous à pratiquer la Voie?

– Oui.

– Comment?

– Quand j'ai faim, je mange. Quand je suis fatigué, je dors.

– Tout le monde ne fait-il pas les mêmes efforts que vous?

– Non, pas de la même manière.

– Pourquoi?

– Quand ils mangent, ils pensent à cent choses différentes. Quand ils s'endorment, ils réfléchissent à mille problèmes. Voilà pourquoi ils sont différents de moi.

Le maître en discipline fut réduit au silence.

PAI-CHANG HUAI-HAI (720-814).
Jap. Hyakujô Ekai.

Une dame entrée en religion dont j'ai oublié le nom, avait demandé à un moine du Jukufuji qu'elle avait connu dans sa jeunesse de prononcer le sermon lors de la cérémonie qu'elle célébrait à Kamakura. Elle fut ravie de son prêche et à l'issue de la cérémonie, elle fit l'éloge du religieux aux dames qui l'accompagnaient : « J'ai élevé ce moine quand il était encore gamin. Je le vois encore courir avec sa petite verge à l'air et je me demandais quel avenir l'attendait. Et puis un jour, elle se tint tout debout. Je n'espérais pas quelque chose d'extraordinaire, mais il se débrouillait très bien. Et je me disais, c'est bien, vraiment bien, ah! que c'est bien! Jusqu'au bout, il s'efforça avec ardeur. J'ai eu comme la sensation de perdre mes esprits. » Voilà un compliment bien embarrassant! Il s'est aussitôt répandu dans la capitale où il a été diversement commenté. Le nom de la religieuse, comme celui du moine, je les ai oubliés.

Ichien Mujû (1226-1312).

Quand je vous demande de faire des efforts, ce n'est pas seulement pour pratiquer zazen! Vous devez vous appliquer à chaque instant de votre vie, quelles que soient vos actions : en marchant, assis, debout ou couché. C'est ce que j'appelle demeurer constamment en éveil.

Un jour sans travail, un jour sans manger.

PAI-CHANG HUAI-HAI (720-814).
Jap. Hyakujô Ekai.

Mes pouvoirs surnaturels? mes pouvoirs merveilleux? C'est puiser de l'eau et coltiner du bois!

P'ANG YÜN (740-808/811).
« P'ang le Laïc ».

Chao-chou : Maître, qu'est-ce que la Voie?
Nan-ch'üan : La Voie, c'est la conscience ordinaire.

Chao-chou : Faut-il la rechercher?

Nan-ch'üan : Non, en te tournant vers elle, tu t'en éloignes.

Chao-chou : Mais si je ne la cherche pas, comment pourrais-je jamais la connaître?

Nan-ch'üan : La Voie n'est pas du ressort de la connaissance. Le savoir est illusion et l'ignorance confusion. Quand tu auras réellement atteint la vraie Voie au-delà du doute, elle s'ouvrira devant toi, aussi vaste et illimitée que l'espace. Comment pourrait-il être question de vérité ou d'erreur?

À ces mots, Chao-chou s'éveilla soudain.

*Commentaires de Wu-men :*

Nan-ch'üan interrogé par Chao-chou s'est dissous comme de la glace, incapable de lui offrir une réponse plausible. Chao-chou eut une brusque expérience de l'éveil, mais il dut continuer à approfondir la Voie pendant trente ans avant de la réaliser complètement.

*Poème de Wu-men :*

Au printemps des fleurs, en automne la lune
En été une brise fraîche, en hiver la neige
Si votre esprit n'est pas encombré d'un inutile fatras,
La vie merveilleuse s'ouvre devant vous.

WU-MEN-KUAN. Jap. Mumonkan.

Somptueux nuages du soir
Les monts à l'infini se chevauchent
Bleu sur bleu, pic sur pic.

HSÜEH-TOU CH'UNG-HSIEN (980-1052).
Jap. Setchô Jûken.

## 3. *L'œil du zen*

Sachez voir l'être humain d'un point de vue qui n'est pas celui de l'être humain et vous comprendrez la vérité.

Kôdô Sawaki (1880-1966).

Bien qu'il s'agisse de la même eau, les humains y voient simplement de l'eau; les démons faméliques un fleuve de sang et de pus; les poissons leur demeure, et les êtres célestes, des saphirs.

Dôgen Kigen (1200-1253).

L'ascète, l'amant et le chien, par rapport à un corps féminin, ont trois points de vue différents : pour l'ascète, c'est un cadavre, pour l'amant une maîtresse, pour le chien un bon morceau.

Le Traité de la Grande Vertu de Sagesse.

Le corps s'appuie sur les égarements de l'esprit et les yeux sur les distorsions de la vision.

Miyamoto Musashi (1584-1645).

On entend souvent dire : « C'est vrai, parce que je l'ai vu de mes propres yeux! », mais nos sens ne sont pas une source digne de foi, non plus que nos pensées. Chacun a son propre regard et les problèmes surgissent quand les visions divergent. Chaque individu vit enfermé dans son rêve et ce n'est qu'à l'instant de la mort qu'il comprendra que la vie n'est seulement qu'un rêve!

Kôdô Sawaki (1880-1966).

Plutôt que de susurrer le mot « satori », vous feriez mieux de dégainer vos yeux!

Tenkei Denson (1648-1735).

L'œil de l'homme est enfermé dans une gaine d'homme et l'œil de la femme dans une gaine de femme. Les riches et les pauvres ont chacun les leurs. Pendant les guerres, la vision des adversaires est particulièrement obstruée. Il n'est pas facile de dégager la vision de ce qui l'enferme, mais ce n'est que lorsqu'elle est libérée que la vraie réalité apparaît. Quand le brouillard se lève et que l'horizon se dégage, on découvre la source de l'enseignement de Shâkyamuni.

Kôdô Sawaki (1880-1966).

Dans un village de montagne du pays de Yamato vivait un paysan qui avait fait construire un modeste sanctuaire. Il invita le moine Eizon du monastère Sadaiji à venir célébrer la cérémonie de dédicace. Comme il avait entendu parler de l'inscription votive qui était d'usage en cette circonstance, il dit à l'officiant :

– Ce sanctuaire, je l'ai construit à la mémoire de ma grand-mère. Si le mérite de cet acte s'adresse à tous les êtres de l'univers, elle n'en recevra aucun bénéfice particulier. Je vous prie d'indiquer que le transfert des mérites est uniquement à son profit.

– Si les mérites sont transférés au profit

de tous les êtres, l'efficacité est d'autant plus grande et votre grand-mère ne sera en rien lésée, lui fit remarquer le moine.

– Je suis heureux qu'il en soit ainsi. Cependant, je vous prie d'omettre mon voisin l'inspecteur du cadastre Saburô.

Ichien Mujû (1226-1312).

Ryônen était une nonne réputée pour son esprit profond autant que pour sa beauté, aussi faisait-elle l'admiration de tous les moines. L'un d'eux en tomba amoureux. Un soir, en cachette, il s'introduisit chez elle pour lui déclarer ses sentiments. Elle l'écouta avec attention et lui dit : « Je vous accorderai ce que vous désirez, mais je vous prie de patienter quelques jours. » Vint le jour de la célébration de l'Illumination du Bouddha. Il y avait foule. Les moines en rangs serrés, graves et dignes, entraient en cortège dans la salle imposante du Bouddha, selon le protocole solennel des grandes cérémonies.

Lorsque la salle fut comble, Ryônen se dévêtit entièrement et alla vers le moine : « Pardonnez-moi de vous avoir fait attendre, mais ici et maintenant vous pouvez accomplir votre souhait. » Le moine s'enfuit dans l'instant et personne n'eut plus jamais de ses nouvelles.

Kôdô Sawaki (1880-1966).

Tranchez directement à la racine! À quoi bon questionner les feuilles et les branches?

YUNG-CHIA HSÜAN-CHÜEH (665-713).
Jap. Yôka Genkaku.

Un hiver où Bankei dirigeait une retraite au monastère de Sanyûji dans la province de Bizen, laïcs et religieux affluaient en grand nombre pour l'écouter les jours où il prêchait. Or, à proximité, il y avait un grand temple de la secte Nichiren dont l'abbé était renommé pour sa connaissance du Sûtra du Lotus et vénéré par toute sa congrégation. À cette époque, Bankei était célèbre dans tout le pays et son enseignement attirait des foules considérables. Même les fidèles de l'abbé s'empressaient d'aller écouter ses sermons. Un jour, l'abbé exaspéré leur dit :

– D'après ce que j'ai entendu, ce Bankei est complètement inculte. Si je le rencontre, je lui poserai une question et je suis sûr que je lui clouerai le bec d'un seul mot.

N'y tenant plus, il décida de se rendre à la réunion. Il resta à l'arrière de la salle et au milieu du sermon, il lança d'une voix tonitruante :

– Tous ces gens qui ici vous écoutent croient en votre doctrine et en ce que vous leur racontez. Mais quelqu'un comme moi n'acceptera jamais vos principes. De quels arguments useriez-vous si vous vouliez me faire accepter vos thèses?

Bankei leva son éventail et dit :

– Voudriez-vous vous approcher?

L'abbé fit quelques pas.

– Venez un peu plus près!

L'abbé avança encore.

– Alors, Monsieur l'Abbé, vous voyez bien que vous acceptez ce que je dis !

En plein désarroi, l'abbé quitta la réunion sans ajouter un mot.

Bankei Kokushi (1622-1693).

Alors que Bankei allait monter en chaire, un samouraï et maître de la Voie de l'Épée s'approcha et lui dit :

– Je m'entraînais depuis un bon bout de temps, quand j'ai soudain compris le secret et depuis ce jour mon bras a parfaitement répondu à mon esprit. Quand je suis confronté à un adversaire, avant même d'avoir saisi mon arme, je lui ai déjà transpercé les os et la moelle. C'est comme votre Œil de la Loi !

– Vous avez certainement atteint le sommet de votre art. Attaquez-*moi* !

Le samouraï désorienté, ne bougea pas.

– Voilà, j'ai remporté le combat !

Impressionné, le samouraï s'inclina :

– Incroyable! Votre attaque a été rapide comme l'éclair, soudaine comme l'étincelle qui jaillit de la pierre à feu. Vous êtes plus fort que moi! Je vous prie, Maître, de m'enseigner les principes du zen.

Bankei Kokushi (1622-1693).

Un jour, Hui-neng vit deux moines en grande discussion devant la bannière du monastère qui flottait au vent :

– C'est la bannière qui bouge!

– Mais non, c'est le vent qui bouge!

L'un avançait un argument, l'autre le réfutait. Peu à peu, le ton monta et ce qui n'était à l'origine qu'une paisible controverse se transforma en violente altercation où deux adversaires s'affrontaient, résolus l'un et l'autre à faire triompher leur point de vue. La situation était sans issue. Hui-neng s'approcha et leur dit :

– Ce n'est pas la bannière qui bouge et

ce n'est pas le vent qui bouge. C'est votre esprit qui bouge!

Les deux moines confondus se prosternèrent.

HUI-NENG (638-713). Jap. Enô.

La venue de Bankei dans la province de Bizen déclencha une violente campagne anti-bouddhiste dans le milieu des lettrés confucianistes locaux. Le bouddhisme qui introduisait la notion d'égalité d'essence de tous les êtres représentait pour eux un danger suprême pour le gouvernement du pays. Quant à Bankei qui parlait en langue vulgaire pour convertir les foules, ils abominaient jusqu'à son nom. Ils décidèrent de mettre fin à son activité diabolique en allant débattre avec lui afin de l'humilier. Leur chef, un certain Nakagawa dit :

– Votre fondateur Shâkyamuni vivait de mendicité. Ce n'était qu'un parasite de la société!

– Et Confucius? Quelle était sa doctrine?

– Ordonner le royaume et moraliser le peuple.

– J'ai entendu qu'il disait que pour faire resplendir la Brillante Vertu dans le royaume, il fallait d'abord commencer par mettre de l'ordre dans sa propre maison et que pour mettre de l'ordre dans sa propre maison, il fallait auparavant se perfectionner soi-même et régler les mouvements de son cœur et que pour régler les mouvements de son cœur, il fallait avant tout avoir la sincère intention de faire le bien et d'éviter le mal. En ce qui vous concerne personnellement, j'aimerais savoir quelle est la nature de votre sincère intention en ce moment.

Nakagawa en resta muet de surprise. Bankei se mit à rire et ajouta :

– Si vous n'avez pas encore compris les paroles du Sage de l'Orient, comment pourriez-vous comprendre la pensée que Bodhidharma nous a apportée d'Occident?

Confondu, Nakagawa se retira sans rien dire.

À partir de ce jour, les lettrés confucianistes, accompagnés de leurs disciples vinrent assister aux conférences de Bankei et allèrent même jusqu'à participer aux séances de zazen. L'un d'eux offrit un poème au maître :

L'épervier dans son vol s'élève jusqu'au ciel,
Le poisson bondit au fond des abîmes,
Tel est le zen des Patriarches.

Le maître lui demanda :

– Mais qu'en est-il de votre propre zen?

Le confucianiste ne sut répondre.

Bankei Kokushi (1622-1693).

## *4. Ego*

J'ai jeté cette toute petite chose qu'on appelle « Moi » et je suis devenu le monde immense.

Musô Soseki (1275-1351).

Une nonne vint un jour consulter le maître Lung-t'an :

– Comment pourrais-je acquérir des mérites afin de renaître homme dans ma prochaine vie?

– Depuis quand êtes-vous nonne?

– Cela concerne mon passé. Ce qui m'intéresse, c'est ma vie future. Je voudrais savoir s'il m'est possible de renaître homme un jour.

– Qu'est-ce que vous êtes maintenant?

– Une femme! Vous ne le voyez pas?

– Vous êtes une femme, mais au regard de qui?

La nonne comprit aussitôt son erreur.

LUNG-T'AN CH'UNG-HSIN (IXᵉ).
Jap Ryûtan Sôshin.

Apprendre la Voie Bouddhique, c'est s'apprendre soi-même. S'apprendre soi-même, c'est s'oublier soi-même. S'oublier, c'est actualiser toutes les existences. Actualiser toutes les existences, c'est dépouiller corps et esprit, pour soi-même et pour les autres. C'est voir disparaître toute trace d'éveil, et faire apparaître constamment cet éveil sans trace.

Dôgen Kigen (1200-1253).

Cela se passait vers 1915 dans la province de Tôtômi, au village d'Asabamura où se tenait un grand rassemblement des moines

Sôtô pour une retraite de quatre-vingt-dix jours. J'avais été désigné pour la fonction d'assistant personnel du maître Oka Sôtanshi. Le matin, il y avait une lecture d'un texte de Dôgen et l'après-midi, le commentaire du texte. Oka Sôtanshi avait le teint sombre et son crâne était dévasté comme par une grêle de petite vérole. Ses yeux étaient enfoncés dans les profondeurs des orbites et son nez deux fois plus proéminent que le mien. C'était un visage effrayant. Il portait des petites lunettes à l'ancienne, perchées sur son haut nez et au-dessus des lunettes, son regard immobile vous transperçait. Il me terrifiait.

Un jour, un jeune moine sollicita un entretien privé. Dans cette circonstance, il est d'usage de déployer son tapis de prière à l'extérieur de la cloison et de faire trois prosternations. Dès l'instant où l'on a terminé les salutations, la gorge se noue et les lèvres se dessèchent et quand la gorge est bloquée, on ne peut plus émettre un son.

Quand il s'agit d'un supérieur affable et indulgent, cela s'arrange vite, mais avec le vieux maître Oka Sôtanshi, c'était une autre affaire. Son terrible visage et ses yeux fixes au-dessus des lunettes vous paralysaient. Ce qui restait d'humain en lui devenait sinistre. Ses lèvres étaient serrées en accent circonflexe et quand il les ouvrait, une voix grave sortait de ses entrailles :

– Hum... De quoi s'agit-il?

Le jeune moine à qui s'adressait cette question bredouilla faiblement :

– J'aimerais savoir ce qui est le plus important.

– Hein? Pour qui?... Pour toi?... Pour toi seulement?... N'importe quoi! C'est sans aucune importance... Ah!... Ah!... Ah!...

Quand il riait, on aurait dit un démon soufflant des miasmes venimeux, un coq de combat terrassant un poussin. Je me tenais dans la pièce voisine où j'entendais tout. Je reçus un coup de poignard dans le ventre et mon nombril se mit à hurler de douleur.

Était-ce en raison de son aspect redoutable? De la brutalité cruelle de cet assaut unique? Ou de ma propre fragilité? Mieux que par un long discours, je compris l'insignifiance de cette toute petite chose que l'on appelle « moi » et que l'esprit de la Voie, c'est faire abstraction de soi-même au profit de tous les êtres et de l'univers entier.

Kôdô Sawaki (1880-1966).

## 5. *Champignons d'une nuit*

Il est urgent pour moi, vieux machin pourri que je suis, de faire retour à la vérité correcte.

HIANG-MA TSANG (?-700).

Je possède une maison que mes parents m'ont construite; voilà quatre-vingts ans que je l'habite, elle me semble aujourd'hui s'abîmer.

TCHE-HOUEI (877?-956).

Notre esprit stupide, aveuglé par les illusions imagine que les montagnes, les rivières, le ciel, la terre et nous-mêmes avons une réalité permanente, alors que dans chaque instant, il y a naissance, transformation et mort. L'instant précédent meurt et un nouveau lui succède. L'impression de continuité vient des causes et conditions qui produisent le phénomène, mais dès que celles-ci cessent, il disparaît. Une flamme existe autant qu'il y a de l'huile pour la produire, mais en réalité, la flamme meurt et renaît d'instant en instant. L'eau coule inlassablement et pourtant, la rivière semble inchangée. Confucius disait de son disciple Gankai : « Le Gankai du soir n'est plus le même que le Gankai du matin. » Un ancien, revenant dans son pays natal qu'il avait quitté dans son enfance dit à ses amis d'autrefois : « L'enfant aux joues rouges que vous avez connu n'existe plus. C'est maintenant un vieillard chenu. »

Ichien Mujû (1226-1312).

Un démon arriva avec un cadavre sur l'épaule et le laissa choir devant le moine. À ce moment survint un autre démon :

– Donne-moi ce cadavre!

– Non, il est à moi. C'est moi qui l'ai apporté!

Il s'ensuivit une querelle et comme ils n'arrivaient pas à régler le litige, ils décidèrent d'en référer au moine :

– Maître, c'est moi qui ai apporté ce cadavre!

– Oui, en effet, c'est bien toi.

L'autre riposta sur-le-champ : il arracha un bras du moine et le dévora. Comme le premier démon éprouvait de la sympathie pour le malheureux moine, il enleva un bras au cadavre et l'accrocha à la place du bras manquant. Le deuxième démon s'empara de l'autre bras, puis d'une jambe et de l'autre, de la tête, du tronc et pour finir, tout le corps fut englouti. Quant au démon compatissant, il s'affairait à remplacer les pièces au fur et à mesure. C'est ainsi que de transformation en transformation, il ne resta plus rien au moine de sa personne d'origine : « Au fond, qui suis-je? », se demanda-t-il.

Les champignons du père vont à la rencontre du champignon de la mère – et puis bang! une cellule unique est créée. Elle fait un séjour dans l'utérus avant de naître et de téter le sein de sa mère. En grandissant, elle avale toutes sortes de nourritures dont elle laisse choir le résidu aux toilettes où un démon s'en empare. Ensuite, elle va au restaurant où un autre démon la répare. Au bain, la sueur coule, chez le coiffeur, les cheveux tombent et c'est ainsi que les champignons que nous sommes, de transformation en transformation, de métamorphose en métamorphose, arrivent au jour d'aujourd'hui : « Au fond, qui suis-je? »

Kôdô Sawaki (1880-1966).

Après la mort de son maître Ma-tsu Tao-i, Tan-hsia partit en pérégrination pour approfondir la Voie auprès d'autres grands maîtres zen. Un soir d'hiver, il s'arrêta dans un temple pour y passer la nuit. Comme le froid était intense, il prit une statue du Bouddha sur l'autel et en fit du feu pour se réchauffer. Le chef du temple qui en fut aussitôt averti accourut sur les lieux de la profanation et le réprimanda sévèrement de son manque de respect envers une statue sacrée. Tan-hsia lui répondit :

– Je vais recueillir les os du Bouddha.

– Comment pouvez-vous recueillir les os d'une statue de bois?

– Alors, pourquoi me blâmer de brûler du bois?

À l'âge de quatre-vingt-un ans, Tan-shia se retira dans un temple du mont Tan-shia dont il prit le nom. Quatre ans plus tard, il rassembla un jour ses disciples et leur dit :

– Préparez mon chapeau, mes jambières, mes chaussettes et mon bâton, je pars pour le grand voyage.

Il enfila une sandale et avant même d'avoir reposé le pied sur le sol, il mourut.

TAN-SHIA T'IEN-JAN (739-824).
Jap. Tanka Tennen.

L'homme est pareil à une goutte de rosée,
Le comprends-tu?

Je sais que ce monde
Est aussi éphémère que la rosée,
Néanmoins...

Kobayashi Issa (1763-1827).

À combien de lieues de notre monde éphé-
mère,
Le cerisier de la montagne?

Yamamoto Tsunetomo (1659-1719).

## 6. *Pourquoi tout cela?*

J'habite un ermitage dans la montagne pro-
fonde,
Au sommet d'une falaise plongeant dans
l'abîme.
Assis sous un grand pin, mon esprit est
paisible et serein
Dans sa rustique demeure.

La lune brille sur le fleuve, le vent souffle
dans les pins;
Frais crépuscule d'une longue nuit,
Pourquoi tout cela?

YUNG-CHIA HSÜAN-CHÜEH (665-713).
Jap. Yôka Genkaku.

Seng Tchao : La lune claire et sereine brille si haut dans le ciel!

Shû : Parce qu'elle est très loin au-dessus de toi.

Seng-tchao : Je vous en prie, maître, aidez-moi à m'élever vers elle.

Shû : Pourquoi veux-tu l'atteindre? Ne vient-elle pas à toi?

SENG-CHAO (374-414).

Tout est vide, rayonnant et lumineux par soi-même : ne vous fatiguez pas l'esprit! Ce n'est pas mesurable par la pensée et la connaissance ne peut le sonder.

SENG-TS'AN (?-606). Jap. Sôsan.

Solitaire la lune luit, fleuves et monts sont apaisés ;
Quelqu'un éclate de rire, et l'univers tressaille !

LIN-CHI I-HSÜAN (-? 866/867).
Jap. Rinzai Gigen.

## 7. *Le regard du miroir*

Chez les hommes, il y a ceux du Nord et ceux du Sud, mais dans leur essence, le Nord et le Sud n'existent pas. Mon corps est différent du tien, mais comment nos deux natures originelles pourraient-elles être inégales?

Vous devez savoir que l'essence de l'homme éveillé et de l'homme ordinaire est fondamentalement la même. La différence, c'est que l'un la réalise et que l'autre l'ignore.

Faites bon usage de votre mental! Il est dit dans le Sûtra de chercher refuge dans notre propre nature originelle. Il n'est pas dit de chercher ailleurs! Si vous ne faites pas retour à votre propre nature, vous ne trouverez refuge nulle part.

HUI-NENG (638-713). Jap. Enô.

Zazen ouvre immédiatement l'esprit de l'homme et lui permet de trouver la paix de l'essentiel. Ainsi, le véritable visage de l'esprit apparaît et dégage sa clarté fondamentale. Celui qui veut ouvrir son esprit doit abandonner connaissances et raisonnements, se dépouiller de toutes contingences et se détacher des illusions. Quand il sera au cœur de l'unique vérité, les sombres nuées de chimères disparaîtront et l'esprit originel deviendra brillant et lumineux comme un rayon de lune.

Dôgen Kigen (1200-1253).

Le clair miroir de l'esprit que rien n'entrave
Embrasse l'immensité et pénètre les univers
sans nombre.

YUNG-CHIA HSÜAN-CHÜEH (665-713).
Jap. Yôka Genkaku.

Tettsû zenji a écrit cette légende sur son portrait :

« Chacun naît avec un karma différent, mais je n'ai jamais douté de ma vraie nature. Jusqu'à ce jour, nous avons vécu ensemble sans connaître notre visage réciproque. Aujourd'hui, je ne sais plus qui est l'un et qui est l'autre. »

Tettsû Gikai (1219-1309).

Un jour que Yün-yen était en train de tisser des sandales de paille, Tung-shan s'approcha et lui dit :

– J'aimerais avoir vos yeux!

– Mes yeux? Qu'as-tu fait des tiens?

– Je n'en ai jamais eu!

– Supposons que tu aies des yeux, qu'en ferais-tu?

Tung-shan se tut, aucune réplique ne lui venant à l'esprit.

– En fait, ne serait-ce pas tes yeux qui voudraient avoir des yeux?

– Non, ce n'est pas mes yeux.

– Va-t'en! tonna Yün-yen.

Prenant congé de Yün-yen, Tung-shan lui demanda :

– Comment devrais-je vous décrire si un jour quelqu'un m'interroge après votre disparition?

– Tel que je suis.

Tung-shan semblait perdu dans ses pensées. Yün-yen ajouta alors :

– Maintenant que tu endosses la Grande Affaire, il te faut être très prudent!

Tung-shan ne comprit pas ce que voulait dire Yün-yen. Mais plus tard, tandis qu'il traversait une rivière à gué, il aperçut son reflet dans l'eau et soudain la lumière se fit en lui. Le sens des paroles de Yün-yen devint évident et il composa cette stance :

Je t'en prie, ne cherche rien en dehors de
toi-même
Sous peine de te perdre à jamais.
Aujourd'hui, je m'en vais seul.
Et cependant je te rencontre partout.
Tu n'es autre que moi-même,
Bien que je ne sois pas toi.
Nos esprits sont entremêlés dans l'Absolu.

TUNG-SHAN LIANG-CHIEH (807-869).
Jap. Tôzan Ryôkai.

## *8. Mobiles et immobiles*

Dans notre école, que signifie zazen? Zazen, c'est être libéré de toutes les entraves, viendraient-elles des circonstances extérieures ou de l'activité mentale. C'est voir que notre nature originelle est foncièrement sans turbulences. Zazen signifie être recueilli sur soi-même en étant détaché de toutes choses extérieures et sans confusion à l'intérieur. Notre nature originelle est intrinsèquement pure et paisible. Lorsque nous sommes agités, c'est seulement que nous nous laissons emporter par des éléments perturbateurs, mais pendant zazen, le désordre disparaît parce que nous ne sommes plus soumis à leur action et, ainsi, nous recouvrons la paix intérieure.

HUI-NENG (638-713). Jap. Enô.

Marcher est zen, être assis est zen.
Qu'il parle ou fasse silence, qu'il bouge ou
repose, le corps est en paix.
Face à la lame acérée, l'esprit est tranquille
Face au poison, il demeure indifférent.

YUNG-CHIA HSÜAN-CHÜEH (665-713).
Jap. Yôka Genkaku.

Il ne faut pas lâcher le mouvement pour rechercher la tranquillité. Il faut au contraire rechercher la tranquillité au sein du mouvement. Dans le mouvement même, il y a une éternelle tranquillité. Mouvement et tranquillité n'ont jamais été séparés.

SENG-CHAO (374-414).

Celui qui possède une expérience de son propre esprit bien établie est solide comme un diamant. Que s'approchent les armées de fantassins, de cavaliers et de chars ; que les coups redoublés d'épées éclatantes, de sabres rapides comme le vent mettent son corps en pièces, en l'absence de pensées, il n'en sera pas le moins du monde ébranlé. Verrait-il venir à lui des Bouddha aussi nombreux que les grains de sable du Gange, il n'en éprouvera pas la moindre pensée de joie. Verrait-il des myriades d'êtres au même instant détruits, il n'en aurait pas la moindre pensée de tristesse. Tel est le grand homme qui a obtenu l'esprit de vacuité et d'indifférence.

HO-TSE SHEN-HUI (668-760).
Jap. Kataku Jin'e.

Un guerrier est sur le point d'abattre son grand sabre sur la tête de Daitô Kokushi :

– Seras-tu des nôtres ?

– Non.

– Je vais te trancher la tête !

– Eh bien, vas-y!

Légende de l'image : « Le moine ignore le souffle glacé du grand sabre, tel un pantin de bois. »

Kôdô Sawaki (1880-1966).

C'était en Chine dans les années 664-675. Le censeur-inspecteur Lu procédait au contrôle des fonctionnaires de la Cour. L'un d'eux, commissaire aux Transports avait été victime d'une tempête qui avait englouti sa cargaison.

– Le commissaire responsable du transport des grains a perdu sa cargaison de riz. En conséquence, il sera dégradé au sixième rang et son salaire sera amputé d'une saison, déclara le censeur.

Le commissaire garda son air habituel et se prépara à partir. Lu appréciant sa dignité et son air impassible corrigea la sentence précédente :

– Puisque le commissaire n'est pas accessible à la force, il sera promu au quatrième rang.

Le commissaire ne montra aucune joie et ne prononça même pas une parole exprimant sa confusion ou sa reconnaissance.

– Je vois que ni faveur ni émulation ne troublent le commissaire, en conséquence, son salaire sera augmenté d'une saison.

Tout le monde vanta l'indulgence et la grandeur de vue du censeur-inspecteur.

Anecdotes des époques Sui et Tang.

À une époque très éloignée en Chine, un roi voulut mettre à l'épreuve les sages de son royaume. Il fit convoquer une centaine de religieux de haut rang au palais. Après que ces éminents personnages eurent pris place selon les précédents, le roi ouvrit la séance en donnant ordre à la Garde Royale de les exterminer jusqu'au dernier. Bien sûr, ce n'était qu'une feinte, mais les guerriers étaient si nombreux et leur comportement si conforme à ce que l'on attendait d'eux que les saints hommes furent pris de panique et s'éparpillèrent dans toutes les directions. Seul, un moine resta assis, immobile et indifférent.

Le roi lui demanda :

– Tous les autres se sont enfuis, pourquoi êtes-vous le seul à ne pas avoir eu peur?

– Vivre, c'est mourir d'instant en instant. Pourquoi commencerais-je à avoir peur aujourd'hui?

Le roi reconnut en lui un sage et lui conféra le titre de Maître de la Nation.

Ichien Mujû (1226-1312).

## 9. *Sermons*

Les parents et les maîtres deviennent un jour des os blanchis; le couple uni deviendra des os blanchis ; les frères, les camarades et tous les membres du clan finiront de même et bien que les uns meurent avant et les autres après, aucun ne survit. La loterie joue dans d'autres domaines, mais là, il n'y a aucune exception, tout le monde finit en os blanchis. De plus, on n'a aucune certitude de demeurer robuste jusqu'à un âge avancé. On peut mourir dans la vingtaine, on peut mourir à la trentaine, on peut mourir à l'âge de trois ans ou de quatre ans, ou même à l'état d'embryon. Même si on atteint l'âge de soixante-dix ans, quatre-vingts ans, cent ans, deux cents ans, mille ans ou deux mille ans, on finit par devenir des os blanchis. Tout le monde est ainsi et ce corps est provisoire. Même si l'on parvient à la plus haute prospérité, entouré d'or, d'argent et de beaux atours, et même si l'on transmet aux petits-enfants et aux enfants, objets et biens précieux épargnés au cours de la vie, eux aussi finiront par devenir des os blanchis.

Les enfants peuvent mourir avant ou après leurs parents. Même si l'on survit longtemps après les autres, on finit par devenir un petit tas d'os blanchis [1].

Takusui (XVIII$^{e}$).

Un coup de vent balaya les paroles du prédicateur et emporta le texte de son sermon jusqu'aux branches du citronnier. Pris au dépourvu et ne pouvant les récupérer, il descendit de chaire en disant : « Quant aux détails, vous les trouverez dans les branches du citronnier. » Il prit les dons de ses fidèles en passant et partit sans ajouter un mot.

Ichien Mujû (1226-1312).

La foule était particulièrement nombreuse le jour de la cérémonie organisée afin de

1. Traduction de Maryse et Masumi Shibata.

recueillir des fonds pour la reconstruction du pavillon Rokkakudô récemment détruit par un incendie. Une jeune dame de la Cour assise près de l'estrade de Vénération s'était assoupie, quand soudain, elle lâcha un vent si fort qu'il résonna dans toute la salle. Le prédicateur voyant que la pieuse attention de son auditoire était troublée par les capiteux effluves qui lui arrivaient par bouffées, poursuivit ainsi son sermon : « L'orgue à bouche, la flûte traversière, le lithophone, le luth, les cymbales et les cloches produisent des sons merveilleux [1], mais ils sont dépourvus d'odeur. Les encens et les essences de bois précieux produisent de subtiles senteurs, mais il leur manque le son. Aujourd'hui, Madame, vous nous avez fait l'honneur de nous offrir par votre auguste vent, à la fois le son et l'odeur et nous avons pu apprécier autant sa musique que son parfum! » Émue par tant d'éloges

1. Citation du Sûtra du Lotus.

à son sujet, la dame se défit d'un de ses vêtements et dit : « Avec ceci, offrez-le au Bouddha de la part de Dame Fleur d'Oranger! »

Ichien Mujû (1226-1312).

## *10. Coquilles vides*

Aux abords de la capitale, à proximité du quartier des clercs, vivaient une fourmi et une tique. Elles étaient fort savantes puisqu'elles voisinaient avec les érudits. Ayant entendu parler l'une de l'autre, elles souhaitaient vivement se rencontrer pour confronter leurs thèses. L'occasion se présenta un jour qu'elles se croisèrent sur la route. Toutes deux étaient enchantées. La tique engagea le débat et formula sa question en chinois littéraire, comme il convient dans ces milieux :

– Comment justifiez-vous la dénomination affectée à la fourmi?

– Le référent est constitué d'une partie antérieure et d'une partie postérieure, séparées par un étranglement médian. C'est pourquoi elle est désignée par le terme « fourmi ».

– Si l'on nommait fourmi toutes les choses ayant un avant et un arrière et un rétrécissement au centre, le tambour-sablier ne devrait-il pas lui aussi s'appeler fourmi?

– Pas du tout, puisque à l'origine ces objets ont déjà reçu un nom, on ne les appelle pas fourmi!

La fourmi formula alors sa question :

– Comment justifiez-vous le nom affecté à la tique?

– On la nomme « tique » parce qu'elle est pourvue d'une cavité dorsale.

– Si l'on donnait le nom « tique » à toutes choses ayant une dépression dans le dos, ne devrait-on pas aussi appeler « tique » les beignets en forme de coupelle?

– Nullement, puisque le nom de beignet

leur a été attribué. De la même façon, les cymbales sont des cymbales et on ne peut les appeler « tiques ».

Si j'ai cité cette anecdote que m'a racontée quelqu'un de la capitale, c'est qu'elle illustre parfaitement le travail de l'intellect.

Ichien Mujû (1226-1312).

Les étudiants de nos jours n'aboutissent nulle part, parce qu'ils fondent leur savoir sur la notoriété d'un nom. Ils copient les paroles des vieilles barbes défuntes dans de gros cahiers qu'ils enferment dans quatre, cinq couches d'étoffe et ils ne veulent les montrer à personne, disant qu'ils doivent les conserver précieusement parce qu'ils contiennent « le Mystérieux Principe ». Quelle erreur! Imbéciles aveugles! Quels jus espèrent-ils trouver dans ces vieux os desséchés!... C'est comme s'ils mettaient dans leur bouche des morceaux de merde pour les recracher sur d'autres ou qu'ils jouaient au jeu de se passer le mot.

LIN-CHI I-HSÜAN (-? 866).
Jap. Rinzai Gigen.

Dix milliards de mots ne valent pas un seul mot bien compris.

YUNG-CHIA HSÜAN-CHÜEH (665-713).
Jap. Yôka Genkaku.

Plus nous parlons, plus nous spéculons, plus nous nous éloignons de la Voie. En abandonnant discours et raisonnements, il n'ait de lieu que l'on ne pénètre.

SENG-TS'AN (?-606). Jap. Sôsan.

L'éveil ultime est antérieur à l'apparition de tout signe.

Dôgen Kigen (1200-1253).

Ils parlent de sagesse à longueur de journée sans connaître pour autant la sagesse de leur propre nature. Or, parler de nourriture n'apaise pas la faim. Répéter des mots sans les mettre en pratique est comme un tour de magie, une fantasmagorie, un éclair, une goutte de rosée.

HUI-NENG (638-713). Jap. Enô.

Il vaut mieux marcher un seul jour sur la Voie que l'étudier mille. Quand on n'emprunte pas la Voie, on a du mal à digérer une seule goutte d'eau.

HUANG-PO HSI YÜAN (?-850).
Jap. Ôbaku Kiun.

C'était un religieux qui était si absorbé par l'étude des Sûtra que jamais son regard ne se laissait distraire des Saintes Écritures. Il poursuivait sans relâche les pratiques exotériques et ésotériques, mais en ce qui concerne les choses pratiques de ce monde, il était profondément ignorant. Un jour qu'un jeune moine était en train de charger du crottin sur son cheval pour enrichir les champs comme on a coutume de le faire à la campagne, le religieux l'arrêta et lui demanda à quelle fin il emportait ce crottin. La réponse du moine suscita en lui cette pensée : « Il n'est de jour que je ne récite le *Ninnô-kyô* pour que le Bouddha dispense ses bienfaits sur notre terre, mais ce Sûtra ne serait-il pas moins efficace que le crottin de cheval? »

Ichien Mujû (1226-1312).

## *11. Vertiges*

Le temps est existence et toute existence est temps, c'est ce qu'on appelle « l'être-temps ». Il y a des myriades d'herbes et d'êtres sur cette terre mais chaque brin d'herbe, chaque être est « être-temps ». Rien ne peut être séparé du temps : chaque instant inclut l'univers entier. Nous sommes le temps.

Ne pensez pas que le temps s'enfuit et que l'unique fonction du temps est de passer. S'il s'enfuyait vraiment, vous seriez séparé de lui. Tous les êtres en ce monde sont liés les uns aux autres dans l'instant et parce que tous ces instants sont « être-temps », ils sont aussi votre « être-temps ».

Dôgen Kigen (1200-1253).

Dans un grain de poussière se trouvent des univers sans nombre et tous ces univers sont concentrés à la pointe d'un poil.

Un immensurable Kalpa dans un instant de pensée, un instant de pensée long comme un immensurable Kalpa. Sachez donc qu'en un point de l'espace se trouve l'espace sans mesure et que l'espace sans mesure tient tout entier en un seul point.

TAO-SHIN (580-665). Jap. Daii Dôshin.

Question : Qu'est-ce qu'un Kalpa?

Réponse : Le temps de faire disparaître un bloc de pierre de dix lieues de côté, en supposant qu'une fée l'effleure de sa robe de plume une fois tous les cent ans. Ou encore, le temps d'ôter toutes les graines de coquelicots emmagasinées dans un château de la taille du bloc de pierre, si l'on prélève une graine tous les cent ans.

Question : Qu'est-ce qu'un Trichiliomégachiliocosme?

Réponse : C'est un ensemble de mille univers du type Dichiliomésocosme qui est un ensemble de mille univers du type Chiliomicrocosme qui est lui-même composé de mille soleils, mille lunes, etc. Ainsi donc un milliard de soleils, de lunes, etc., donne un Trichiliomégachiliocosme. Sa période de durée est d'un Kalpa, sa période de destruction est d'un Kalpa, sa période de création est d'un Kalpa. Création et destruction ont lieu en même temps.

Le Traité de la Grande Vertu de la Sagesse.

Un claquement de doigt, quatre-vingt mille
portes franchies.
Dans l'instant, le temps éternel achevé.

L'univers entier dans les dix directions est
notre corps véritable.

YUNG-CHIA HSÜAN-CHÜEH (665-713).
Jap. Yôka Genkaku.

## 12. *L'ultime évidence*

On raconte que Mu-chou tenait toujours sa porte fermée. Quand un moine venait le consulter, il devinait son état de conscience au bruit de ses pas. Si celui-ci était prometteur, il ouvrait et disait : « Entre! » Aussitôt, il attrapait le moine et le secouait en criant : « Dis-le! Dis-le! » Si le moine hésitait un instant, il le jetait dehors et claquait la porte. Un jour, un moine frappa lourdement à la porte, c'était Yün-men qui deviendra par la suite l'un des plus éminents maîtres zen. Yün-men avait à peine fait un pas à l'intérieur que Mu-chou claqua la porte sur sa jambe :

– Aïe! Vous me faites mal!

– Qui a mal?

– Maître, vous me faites mal!

– Où es-tu?

– Je suis dehors!

– Si tu es à l'extérieur, pourquoi as-tu mal?

– Parce que mon pied est à l'intérieur!

– Si ton pied est dedans, pourquoi es-tu dehors?

– C'est vous qui m'avez mis en dehors et en dedans!

– Imbécile! Comment une personne peut-elle être à l'intérieur et à l'extérieur?

– Aïe!

Yün-men eut la jambe cassée, mais au moment où il hurlait de douleur, le monde de ses illusions vola en éclats.

MU-CHOU CH'EN-TSUN-SU (780-877).
Jap. Bokushû Dômei.

Le ciel, la terre et moi : une seule racine.
Toutes choses et moi : une seule chose.

Zenrin-kushû (XVIIe).

Wu-men après avoir approfondi pendant six ans le mot « rien » [Chin. *wu*. Jap. *mu*] eut une soudaine illumination en entendant le son du tambour. Il écrivit ces poèmes :

Dans un ciel serein, un coup de tonnerre :
La terre immense et les êtres s'éveillent,
L'univers entier se prosterne,
Le Mont Sumeru danse au son d'une musique ancienne.

Rien Rien Rien Rien Rien
Rien Rien Rien Rien Rien
Rien Rien Rien Rien Rien
Rien Rien Rien Rien Rien

La Grande Voie n'a pas de barrière.
Mille chemins y conduisent.
La porte sans porte franchie,
On chevauche l'univers.

WU-MEN HUI-K'AI (1183-1260).
Jap. Mumon Ekai.

J'aurais aimé vous offrir
Des friandises
Hélas! L'école du zen offre
Rien.

Ikkyû Sôjun (1394-1481).

À vouloir mettre la main sur le vide ou courir après l'écho, vous vous fatiguez l'esprit! Une fois éveillé du rêve, vous vous apercevez qu'il n'y a plus rien.

LIN-CHI I-HSÜAN (-? 866).
Jap. Rinzai Gigen.

Il n'y a plus rien, ni homme ni Bouddha.
Les myriades d'univers? Des bulles dans l'océan.
Sages et saints? Des clartés fulgurantes dans le ciel.

YUNG-CHIA HSÜAN-CHÜEH (665-713).
Jap. Yôka Genkaku.

P'u-hua, surnommé « le saint fou », couchait dans un cimetière et, le matin, se promenait au marché en agitant sa clochette :

Apportez, apportez votre lumière, je la briserai !
Apportez, apportez votre ignorance, je la briserai !
Que vous veniez des dix directions ou des huit côtés, je vous disperserai comme un ouragan !
Venez avec rien, je brise aussi le Rien !

Il battait sa sonnette tantôt à l'oreille des gens, tantôt dans leur dos, et quand ils se retournaient il tendait la main pour mendier une sapèque.

P'U-HUA (?-860). Jap. Fuke.

## *13. Le pouvoir de la foi*

C'était un laïc qui avait une confiance totale en un moine d'un monastère de la montagne. Il le consultait en toutes choses et s'en remettait à lui aussi bien pour les affaires d'ici-bas que pour celles de l'au-delà. Ainsi, quand il était souffrant, il montait au monastère solliciter quelque remède pour se soigner. Le moine qui ignorait l'art médical lui répondait invariablement : « Buvez une décoction de nœuds de glycine grillés. » Comme sa foi était sans faille, il observait scrupuleusement la prescription et jamais aucun de ses maux ne résista au remède.

Un jour qu'il avait perdu son cheval, il alla demander conseil au moine. Comme toujours, le moine lui répondit : « Buvez une décoction de nœuds de glycine grillés. » Son cœur était trop confiant pour que ces paroles éveillent en lui un soupçon d'impertinence de la part du saint homme. Les glycines aux alentours de sa demeure ayant fini par disparaître au cours des ans, il dut aller jusqu'au pied de la montagne pour s'approvisionner et c'est là qu'il aperçut au loin, au fond de la vallée, son cheval égaré. Tel est le pouvoir merveilleux de la foi.

Ichien Mujû (1226-1312).

Les hommes ont des facultés aiguës ou obtuses, mais dans la Voie, le Sud et le Nord n'existent pas.

SHIH-T'OU HSI-CH'IEN (700-790).
Jap. Sekitô Kisen.

## *14. Le fruit des actes*

Tout le monde espérait que le Bouddha allait user de ses pouvoirs surnaturels pour sauver du massacre ses cinq cents parents et alliés de la tribu des Shâkya lorsque le prince Virûdhaka passerait à l'attaque. Afin de dissiper leurs craintes, le Vénéré mit un Shâkya au fond de son bol à aumône et le dissimula dans le ciel, mais le jour où eut lieu l'attaque, l'homme mourut subitement. Le Bouddha expliqua ainsi l'origine des catastrophes qui frappaient ses parents et alliés : « Dans une vie précédente, les gens de ce royaume étaient des pêcheurs. Un jour, ils capturèrent un énorme poisson dans leur filet et lui brisèrent sauvagement la tête. Ce gros poisson était le prince Virûdhaka. Moi-même, en ce temps, j'étais un jeune enfant et sans désapprouver cet acte, j'ai caressé la tête du poisson avec un brin d'herbe. C'est la raison aussi pour laquelle maintenant, je ne peux éviter le tourment du mal de tête. »

Même le Bouddha souffrait du fruit de ses actes passés, comment de pauvres êtres ordinaires comme nous pourraient-ils échapper à la loi de la causalité?

Ichien Mujû (1226-1312).

Madame Mari avait quatre serviteurs. Les jours de fêtes, ils portaient son autel Shintô lors du défilé au grand sanctuaire, et les jours ordinaires, ils se coltinaient la vidange de ses toilettes.

Dans une existence antérieure, ces quatre porteurs avaient été moines. En ce temps, ils vivaient retirés dans un temple de montagne où ils se consacraient aux pratiques de la Voie du Bouddha. Leurs conditions matérielles étaient difficiles, car aux alentours, il n'y avait personne qui pût leur faire l'aumône. Un jour où ils mouraient de faim, ils décidèrent que l'un d'eux resterait au temple pour accomplir les pratiques et faire zazen, tandis que les trois autres descendraient dans la vallée pour mendier. Arrivés au village, ils frappèrent aux portes et répétèrent à chacun le boniment qu'ils avaient préparé en chemin : « Là-haut, dans la montagne vit un saint ermite qui fait zazen jour et nuit pour sauver tous les êtres de l'univers. Sa compassion est si grande que si vous lui offrez des dons, vous obtiendrez des mérites infinis. » Comme ils avaient l'air de bonne foi, la nouvelle se répandit aussitôt dans le village et les dons affluèrent.

Leurs bonnes paroles ayant éveillé la foi de Madame Mari, le lendemain, elle monta dans la montagne chargée de délicieuses nourritures pour le saint homme. À peine eut-elle repris le chemin du retour, que les quatre moines firent bombance et après avoir mangé tout leur soûl, s'écrièrent heureux : « On a trouvé le filon! » Le Bouddha aussitôt informé régla cette affaire sur-le-champ. Voilà comment quatre moines zen sont devenus porteurs de vidanges et d'un autel Shintô.

Kôdô Sawaki (1880-1966).

## *15. Ombres et lumières*

Il y a de la lumière dans l'obscurité : ne voyez pas seulement l'obscurité. Il y a de l'obscurité dans la lumière : ne voyez pas seulement la lumière. Lumière et obscurité s'opposent et dépendent l'une de l'autre comme la jambe droite de la jambe gauche quand on marche.

SHIH-T'OU HSI-CHI'EN (700-790).
Jap. Sekitô Kisen.

Depuis dix jours que je suis dans ce temple,
mon esprit est agité,
Mes pieds s'emmêlent dans des cordons
pourpres sans fin.
Si vous venez un jour à ma recherche,
Essayez donc à la poissonnerie, à la taverne
ou au bordel.

Ikkyû (1394-1481).

Seng-tsan : Je vous en prie, maître, lavez-moi de mes fautes.

Hui-k'o : Apporte-moi tes fautes, je les laverai.

Seng-tsan : J'ai beau les chercher, je ne les trouve pas.

Hui-k'o : Alors, c'est que je les ai déjà lavées.

SENG-TSAN (?-606). Jap. Sôsan.

## *16. La délivrance*

Tao-hsin : Maître, montrez-moi la Voie de la délivrance.

Seng-tsan : Qui t'a enchaîné?

Tao-hsin : Personne.

Seng-tsan : Alors, pourquoi demandes-tu la délivrance?

TAO-SHIN (580-665). Jap. Daii Dôshin.

Qu'aucune pensée ne naisse, et les dix mille choses sont inoffensives.

SENG-TSAN (?-606). Jap. Sôsan.

Un moine : Nous sommes à la merci du chaud et du froid. Comment les éviter?

Tung-shan : Pourquoi ne vas-tu pas là où il n'y a ni chaud ni froid?

Le moine : Où se trouve cet endroit?

Tung-shan : Quand il fait froid, aie froid à en mourir. Quand il fait chaud, aie chaud à en mourir.

TUNG-SHAN LIANG-CHIEH (807-869).
Jap. Tôzan Ryôkai.

Un moine : Comment ne pas tomber dans l'erreur de faire des distinctions entre ceci et cela?

Huang-Po : Abstiens-toi à chaque instant d'entretenir des notions telles que « soi » et « autrui ». Ne te laisse pas ligoter par les circonstances de la vie quotidienne, mais ne cherche jamais à les éviter. Ce n'est qu'en agissant ainsi que tu mériteras le nom d'« homme libre ». Ne confonds jamais les apparences de la réalité et son essence ultime. Ne fais pas l'erreur de penser en termes de passé, de présent et de futur. Le passé est parti, le présent n'est qu'un instant éphémère et le futur n'est pas encore arrivé. Pratique zazen dans la juste posture, parfaitement tranquille, sans te laisser distraire par les mouvements de ton esprit. C'est cela la délivrance.

HUANG-PO HSI YUN (?-850).
Jap. Ôbaku Kiun.

S'attacher aux mots et aux phrases n'est pas la voie de la délivrance.

Dôgen Kigen (1200-1253).

Un moine : À quoi pensez-vous quand vous êtes assis en zazen?

Yueh-shan Wei-yen : Je pense sans penser.

Le moine : Comment pensez-vous sans penser?

Yueh-shan : Sans pensées.

YÜEH-SHAN WEI-YEN (750-834).
Jap. Yakusan Igen.

## 17. *Finale*

Étrange et merveilleux
Le Sûtra sans paroles des êtres inanimés
N'écoutez pas avec vos oreilles pour l'en-
tendre!
Écoutez-le avec vos yeux!

TUNG-SHAN LIANG-CHIEH (807-869).
Jap. Tôzan Ryôkai.

Une nuit calme dans mon ermitage d'herbes,
Je joue seul du *koto* sans corde.
Son air entre dans le vent et disparaît dans
le nuage.
Sa voix se mêle au son du ruisseau
Elle court dans l'espace et remplit la vallée,
Traversant montagnes et forêts.
À moins d'être sourd d'oreille,
Comment ne pas entendre cette voix unique?

Ryôkan Daigu (1758-1831).

# Le Cabinet des lettrés

Ceux qui aiment ardemment les livres constituent sans qu'ils le sachent une société secrète. Le plaisir de la lecture, la curiosité de tout et une médisance sans âge les rassemblent.

Leurs choix ne correspondent jamais à ceux des marchands, des professeurs ni des académies. Ils ne respectent pas le goût des autres et vont se loger plutôt dans les interstices et les replis, la solitude, les oublis, les confins du temps, les mœurs passionnées, les zones d'ombre.

Ils forment à eux seuls une bibliothèque de vies brèves. Ils s'entrelisent dans le silence, à la lueur des chandelles, dans le recoin de leur bibliothèque tandis que la classe des guerriers s'entre-tue avec fracas et que celle des marchands s'entre-dévore en criaillant dans la lumière tombant à plomb sur les places des bourgs.

Le Promeneur a publié

J. R. Ackerley
*Tout le bien du monde*

Peter Ackroyd
*Chatterton*
*L'Architecte assassin*
*Premières lueurs*
*La Mélodie d'Albion*

Sybille Bedford
*Puzzle*

Piero Camporesi
*La Sève de la vie*

André Chastel
*La Grottesque*

Peter Clayton et Martin Price
*Les Sept Merveilles du monde*

Giovanni Comisso
*Jeux d'enfance*
*Les Ambassadeurs vénitiens*
*Les Agents secrets de Venise*
*Au vent de l'Adriatique*

Cyril Connolly et Peter Levi
*Meurtre au Gassendi Club*

Vincenzo Consolo
*Le Retable*
*Lunaria*
*La Blessure d'avril*
*Les Pierres de Pantalica*

Marcia Davenport
*Les frères Holt*

Thomas De Quincey
*Les Césars*

Norman Douglas
*Vent du sud*

Patrick Leigh Fermor
*Les Violons de Saint-Jacques*

Sergio Ferrero
*Hors saison*

Ennio Flaiano
*Journal nocturne*
*Autobiographie du Bleu de Prusse*

Friedrich Glauser
*L'inspecteur Studer*
*Les Premières affaires de l'inspecteur Studer*
*Studer et l'affaire du Chinois*

Edmond et Jules de Goncourt
*Histoire de la société française sous le Directoire*

Frank Gonzales-Crussi
*Trois cas de mort soudaine*

Philippe Jullian
*Les Styles*

Molly Keane
*Amours sans retour*
*Chassés-croisés*
*Les Renards de pierre*

Giovanni Macchia
*Le Théâtre de la dissimulation*

Luigi Meneghello
*Colin-Maillard*

Alain Mérot
*Retraites mondaines*

Carlo Mollino
*Polaroïds*

Charles Monselet
*La cuisinière poétique*

Aldo Palazzeschi
*Les Sœurs Materassi*
*Un prince romain*
*La Conversation de la comtesse Maria*
*Allégorie de novembre*

Erwin Panofsky
*Les Antécédents de la calandre Rolls-Royce*

Mario Praz
*Goût néoclassique*
*Une voix derrière la scène*

Alberto Savinio
*Capri*

Wolfgang Schivelbusch
*Histoire des voyages en train*
*Histoire des stimulants*
*La nuit désenchantée*

Edith Sitwell
*Les Excentriques anglais*

Logan Pearsall Smith
*Trivia*

Dominique Vivant Denon
*Voyage en Sicile*

*Le Cabinet des lettrés*

Jean-François de Bastide
*La petite maison*

Giovan Pietro Bellori
*Vie du Caravage*

Jacob Burckhardt
*Démétrios, le preneur de villes*

Crébillon fils
*Le Sylphe*

Thomas De Quincey
*La Toilette de la dame hébraïque*

Li Yi-Chan
*Notes*

Patrick Mauriès
*Roland Barthes*

Philippe Moreau (éd.)
*Sur les murs de Pompéi*

Danielle Porte (éd.)
*Tombeaux romains*

Pascal Quignard
*La Raison*

Racan
*Vie de Monsieur de Malherbe*

Alberto Savinio
*Les Rejets électifs*

Robert Louis Stevenson
*Charles d'Orléans*

Lytton Strachey
*Scènes de conversation*
*Cinq excentriques anglais*
*La Douceur de vivre*

Evard Titon du Tillet
*Vie des Musiciens et autres Joueurs d'instruments sous le règne de Louis le Grand*

Voltaire
*Vie de Molière avec de petits sommaires de ses pièces*

*Composé et achevé d'imprimer*
*par l'Imprimerie Floch*
*à Mayenne, le 30 août 1993.*
*Dépôt légal : août 1993.*
*Numéro d'imprimeur : 34435.*
ISBN 2-07-073596-6 / Imprimé en France.

65728